Fundamentos de la Fe

GXXI

Alumno

FUNDAMENTOS DE LA FE

Cuaderno del alumno
Introducción a la doctrina bíblica
por John Maempa

Este libro pertenece a...

_____

_____
Dirección

_____
Iglesia

_____
Maestro

_____
Año

Este manual fue publicado en inglés con el título
Foundations for Faith por Gospel Publishing House

Traducido por Eliezer Oyola

Primera Edición en idioma español
©1996 por Generación XXI

Reservados todos los derechos

Cubierta diseñada por Debbie Wilson

Anita V. de Niles, Directora
Janet Arancibia, Coordinadora
Guido Feliz, Editor de estilo
Abigail Bogarín, Editora técnica

Impreso en Generación XXI, Springfield, MO, EE.UU., 1996
Segunda impresión revisada, 1997

Reconocimiento – NoComercial – CompartirIgual (by-nc-sa):
No se permite un uso comercial de la obra original ni de las posibles obras derivadas, la distribución de las cuales se debe hacer con una licencia igual a la que regula la obra original.

Esto es una producción de SLC

Apartado 0818-00792
Ciudad de Panamá, PANAMÁ

ISBN:

Cubierta en Color 978-1-63368-145-3

Lección 1

LA DOCTRINA BÍBLICA Y TÚ

Imagina qué genio serías si fueras experto en toda ciencia. ¡Qué inteligente! Sabrías todo respecto a la química, la física, la biología, la astronomía, y mucho más. Sería maravilloso, ¿verdad?

Por supuesto, una sola rama de la ciencia abarca tanta información que sería imposible ser experto en todos los campos. Pero hay algo muy importante que necesitamos aprender: el mundo y el universo no surgieron al azar. Hay un orden especial en la Creación que sólo Dios pudo poner. ¡Es verdad, Dios existe! El tema de este curso es averiguar el plan de Dios para nuestra vida.

Qué se estudiará

Qué gozo es saber que el Dios que diseñó y que sostiene el universo te conoce y se interesa por ti. El ha ideado un plan para que tengas vida eterna. Este plan lo presenta la Biblia mediante muchos ejemplos de la historia que describe cómo este plan funciona.

Cómo se estudiará

Se ha organizado las doctrinas en una declaración de verdades fundamentales. Esta declaración es parte de la Constitución de nuestra iglesia y es un modo eficaz de expresar qué enseña la Biblia.

Trataremos esta declaración en cada una de las quince sesiones de este curso. Tendrás que asistir a cada una, pues hay poco tiempo para repasarla.

Es importante que:

- ✔ Tengas un lugar para estudiar.
- ✔ Estudies todos los días (una vez que adquieras este hábito, será fácil completar las tareas).
- ✔ Aprendas de memoria los pasajes bíblicos clave y la *Declaración de fe*.
- ✔ Contestes preguntas sobre cada doctrina.

Durante la semana completarás la hoja "Tarea en casa" que corresponde a la siguiente sesión. Compararás tus respuestas con las que el maestro dé en la clase.

Después de estudiar todas las lecciones, escribirás un ensayo sobre el tema "Estoy contento de ser cristiano".

Es posible que después de estudiar este curso quieras ser miembro oficial de la iglesia donde asistes. No obstante, debes tener claro que lo que te hace apto para ser miembro del Cuerpo de Cristo es la salvación. No hay conocimiento que pueda reemplazar la experiencia de la salvación.

¡Esmérate, este estudio es muy importante para tu vida!

Tarea en clase

1. ¿Qué significa doctrina?

   _____
   _____
   _____
   _____
   _____
   _____
   _____

2. Enumera los tres valores de la doctrina bíblica.

   a. _____

   b. _____

   c. _____
   _____
   _____

3. ¿Cuál es la diferencia entre "doctrina" y "dogma"?

4. ¿Qué peligro puede haber en depender de credos para formular nuestra declaración de fe en Cristo?

5. ¿Cuál es nuestra base para la afiliación en la iglesia?

6. ¿Tiene un credo las Asambleas de Dios?

7. Da las razones de tu respuesta.

8. Escribe de memoria 1 Pedro 3:15.

LECCIÓN 2

LAS ESCRITURAS INSPIRADAS

TAREA EN CASA

1. Consulta el "Glosario de doctrinas" para completar la siguiente afirmación:

   La palabra "testamento" significa "pacto" o...

   _____

2. Consulta el índice de la Biblia y conoce cuántos libros contiene.

   a. Hay _____ libros en el Antiguo Testamento.

   b. Hay _____ libros en el Nuevo Testamento.

3. Aprende de memoria la primera *Declaración de fe*:

   Creemos que las Escrituras, tanto el Antiguo Testamento como el Nuevo Testamento, es la palabra inspirada por Dios; y por la que Dios se comunica con su pueblo. Es la regla infalible de fe y conducta para guiarnos de la tierra a los cielos.

4. Aprende de memoria este versículo:

   "Toda la Escritura es inspirada por Dios, y útil para enseñar, para redarguir, para corregir, para instruir en justicia" (2 Timoteo 3:16).

5. Pon ✗ ante la respuesta correcta.

   Creemos que la Biblia...

   ___ a. es parcialmente inspirada por Dios y contiene errores.

   ___ b. es sólo un buen libro y que sus historias nos ayudan a vivir bien.

   ___ c. es totalmente inspirada por Dios, no contiene errores, y enseña cómo debemos vivir.

6. Usa la clave para contestar lo siguiente:

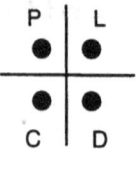

   a. "Inspirar" significa _ _ _ _ _ _

   b. "Inspiración verbal" significa que

      _ _ _ _ _ _ _ _ _ _ _

      de la Biblia es _ _ _ _ _ _ _ _ _
      por Dios.
      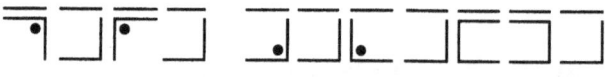

7. Consulta el "Glosario de doctrinas" y escribe las definiciones:

   a. Infalible: _____
      _____
      _____

   b. Inequívoca: _____
      _____
      _____

   c. Autoridad: _____
      _____
      _____

 **Tarea en clase**

1. Escribe de memoria la primera *Declaración de fe*.

2. Escribe de memoria 2 Timoteo 3:16.

3. ¿Con qué propósito fue escrita la Biblia? Lee 2 Timoteo 3:16
   a. _____
   b. _____
   c. _____
   d. _____

4. ¿Qué nos dice 2 Timoteo 2:15 que hagamos con la Biblia y por qué?

   _____
   _____
   _____
   _____
   _____
   _____
   _____

5. Algunos recursos importantes para el estudio bíblico son:
   a. _____
   b. _____
   c. _____
   d. _____

6. En tus propias palabras escribe lo que dice Santiago 1:22.

   _____
   _____
   _____
   _____
   _____
   _____
   _____

Lección 3

Dios en tres personas

 Tarea en casa

1. Aprende de memoria la segunda *Declaración de fe*:

   Creemos que el único Dios verdadero se ha revelado como el eterno, autoexistente Creador del cielo y de la tierra y el Redentor de la humanidad. Se ha revelado además en forma de trinidad, es decir, un ser existente en tres personas, Padre, Hijo, y Espíritu Santo.

2. Aprende de memoria este versículo:

   "La gracia del Señor Jesucristo, el amor de Dios, y la comunión del Espíritu Santo sean con todos vosotros" (2 Corintios 13:14).

3. Llena los espacios según la clave numérica (clave: Z=1; Y=2; X=3; W=4; etc.)

   Dios es...

   a. ___ ___ ___ ___ ___ ___
       23 7 23 9 14 12

   b. omnisciente o el que todo lo ___ ___ ___ ___
                                    8 29 28 24

   c. omnipresente

   ___ ___ ___ ___ ___ ___ ___ ___ ___ ___
   11 9 23 8 23 14 7 23   23 14

   ___ ___ ___ ___ ___ ___ ___ ___ ___ ___
   7 12 24 28 8   11 28 9   7 23 8

   d. omnipotente o el que todo lo ___ ___ ___ ___ ___
                                    11 6 23 24 23

4. Marca con X la respuesta correcta. Consulta de nuevo la segunda *Declaración de fe.*

   Creemos que Dios:

   ___ a. Es un ser existente en tres personas: Dios Padre, Dios Hijo, y Dios Espíritu Santo.

   ___ b. Existe en tres personas distintas pero el Padre es mayor que el Espíritu Santo.

   ___ c. Es una Persona, Jesús, que a veces actúa como el Padre, a veces como el Hijo, y a veces como el Espíritu Santo.

5. ¿Qué significa "Trinidad"?

   _____
   _____
   _____
   _____
   _____
   _____
   _____

6. ¿Cuántos Dioses verdaderos hay?

   Deuteronomio 6:4 _____

7. ¿Cuántas personas hay en la Deidad?

   Mateo 28:19 _____

8. ¿Quiénes son?

   _____
   _____
   _____

 **TAREA EN CLASE**

1. Escribe de memoria la segunda *Declaración de fe*.
   _____
   _____
   _____
   _____
   _____
   _____
   _____
   _____

2. ¿Cómo prueban los siguientes versículos bíblicos que Jesús es Dios?
   Juan 1:1 y 2 _____
   Mateo 28:20 _____
   Juan 16:30 _____
   Mateo 28:18 _____

3. ¿Cómo prueban los siguientes pasajes bíblicos que el Espíritu Santo es Dios?
   Hechos 5:3 y 4 _____
   Génesis 1:2 _____
   Salmos 139:7 _____
   1 Corintios 2:10 y 11 _____

4. Dibuja un símbolo de la Trinidad *(usa el espacio en blanco en la siguiente página)*.

5. Escribe de memoria 2 Corintios 13:14.

_____
_____
_____
_____
_____
_____
_____
_____

Lección 4

El Señor Jesucristo

Tarea en casa

1. Aprende de memoria la tercera *Declaración de fe*:

   Creemos que el Señor Jesucristo es el eterno Hijo de Dios, revelado así en las Escrituras, por su nacimiento virginal, su vida sin pecado, sus milagros, su muerte en la cruz, su resurrección corporal de los muertos, y su posición a la diestra de Dios.

2. Aprende de memoria este versículo:

   "Antes bien, creced en la gracia y el conocimiento de nuestro Señor y Salvador Jesucristo. A él sea gloria ahora y hasta el día de la eternidad. Amén" (2 Pedro 3:18).

3. Cuando Jesús se hizo el Hombre-Dios, ocurrieron tres cosas. Estas se bosquejan en el siguiente versículo. Usa la clave para llenar los espacios. Si necesitas ayuda, busca Filipenses 2:7.

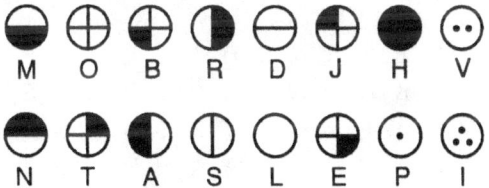

Sino que [Jesús] __ __   __ __ __ __ __ __ __

__ __ __   __ __ __ __ __ __

tomando forma de __ __ __ __ __ __

hecho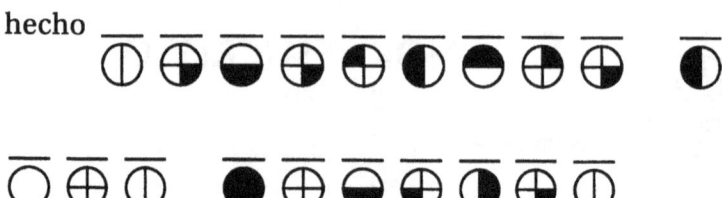

4. Dieciséis nombres de Jesucristo se ocultan en la siguiente sopa de letras. Trata de encontrarlos. Aparecen de arriba abajo, de derecha a izquierda, de izquierda a derecha, y diagonalmente.

ADMIRABLE   MAESTRO
CONSEJERO   PRINCIPE DE PAZ
CRISTO   PROFETA
EMANUEL   REY
HIJO DE DIOS   REY DE REYES
HIJO DEL HOMBRE   SACERDOTE
JEHOVA   SALVADOR
JESUS   SEÑOR

```
P E F S E Ñ O R D J E I N P
E R K N O W S E P L B H T S
M B I F M Q I Y B C S O N R
A M A N G A R A K H R F E T
N O N A C O R L E O A S T F
U H F Y D I V M D W T Z O C
E L U M M Ñ P A X O E J D O
L E C D U A V E T G F E R N
F D A S N L D S D R O H E S
Z O G U A L I T D E R O C E
C J U S N R S R F R P V A J
R I W E C T H O A M H A S E
E H I J O D E D I O S G Z R
R E Y D E R E Y E S B C H O
```

FF·L4: El Señor Jesucristo

 **Tarea en clase**

1. ¿Cómo prueban los siguientes versículos bíblicos que Jesús fue un hombre verdadero?

   Lucas 2:40-52 _____

   Mateo 4:2 _____

   Juan 19:28 _____

   Juan 4:6; Mateo 8:24 _____

   Juan 11:35 _____

2. Cada uno de los siguientes pasajes bíblicos señalan una razón importante de la encarnación de Jesús. Trata de averiguar cuáles son estas razones y escríbelas en los espacios.

   a. Hebreos 4:15 _____
   _____

   b. 1 Pedro 2:21 _____
   _____

   c. Hebreos 2:10 _____
   _____

3. En Juan 20:31 se bosqueja un doble propósito para los milagros de Jesús. ¿Cuál es ese doble propósito?

   a. _____

   _____

   b. _____

   _____

4. A Cristo se le llama el Cordero de Dios. Hay varias comparaciones entre el Cordero Pascual (Exodo 12) y Jesús. Estudia los versículos bíblicos a continuación y escribe las comparaciones.

Cordero Pascual	Jesucristo
Exodo 12:5	1 Pedro 1:19
Exodo 12:7	Juan 19:34
Exodo 12:46	Juan 19:33-36

5. Jesús es...

   _____

   _____

   _____

   _____

Lección 5

Creación y Desobediencia del Hombre

Tarea en casa

1. Aprende de memoria la cuarta *Declaración de fe*:

   Creemos que el hombre fue creado bueno y recto. Sin embargo, el hombre pecó por su propia voluntad y quedó sujeto no sólo a la muerte física, sino también a la muerte espiritual, que es la separación de Dios.

2. Aprende de memoria este versículo:

   "Por cuanto todos pecaron, y están destituidos de la gloria de Dios" (Romanos 3:23).

3. Dios creó al hombre con voluntad. Consulta el "Glosario de doctrinas" para aprender la definición de la palabra "voluntad".

   Según la definición, tener voluntad significa que el hombre tiene... *(consulta el cuadro que sigue para encontrar la respuesta)*

	a	b	c	d
1	C	L	D	G
2	H	R	N	P
3	A	S	F	I
4	Ñ	E	U	O

   __ __ __ __ __ __
   2–D 4–D 1–C 4–B 2–B

   __ __ __ __
   2–D 3–A 2–B 3–A

   __ __ __ __ __ __ __
   4–B 3–B 1–A 4–D 1–D 4–B 2–B

4. Lee Génesis 1:26 y 27. Según estos versículos,

   el hombre fue creado a _____ y

   _____ de Dios.

17

5. Busca la palabra "moral" en el "Glosario de doctrinas". Según la definición, ¿qué significa que el hombre es un ser "moral"?

_____
_____
_____
_____
_____
_____
_____

6. Dios puso un árbol en medio del huerto del Edén y dio un mandato a Adán y Eva. ¿Cuál fue este mandato? Para averiguar la respuesta, separa las palabras que siguen y escríbelas sobre las líneas.

NODEBIANCOMERDELARBOLDELACIENCIADELBIENYDELMAL

_____
_____
_____
_____
_____

7. ¿Cuál sería el castigo por la desobediencia?

_____

Tarea en clase

1. Escribe de memoria la cuarta *Declaración de fe*.

   _____
   _____
   _____
   _____
   _____
   _____
   _____
   _____

2. Escribe de memoria Romanos 3:23.

   _____
   _____
   _____
   _____
   _____

3. Satanás a menudo usa las mismas tácticas contra nosotros. Una de sus principales tácticas consiste en

   a. _____, sembrando así

   b. _____ que provoca

   c. _____ a pecar.

4. Compara 1 Juan 2:16 y Génesis 3:6. Al lado izquierdo del cuadro siguiente, escribe las tres cosas que gustaron a Eva del árbol de la ciencia del bien y del mal. Del lado derecho escribe las tres clases de pecado que aparecen en 1 Juan 2:16. Fíjate en la cercana relación que hay entre las dos listas.

Génesis 3:6   1 Juan 2:16

El árbol era...

1._____ 1._____
_____ _____
_____ _____

2._____ 2._____
_____ _____
_____ _____

3._____ 3._____
_____ _____
_____ _____

5. La tentación no es pecado; pero _____ a la tentación sí lo es.

6. Cuando el pecado entró en el mundo, produjo dos formas de muerte.

    a. Muerte _____ y

    b. Muerte _____

    La muerte espiritual significa: _____
    _____
    _____

Lección 6

La gran salvación de Dios

Tarea en casa

1. Aprende de memoria la quinta *Declaración de fe*:

    Creemos que la única esperanza de redención del hombre es a través de la sangre derramada de Jesucristo el Hijo de Dios. La salvación se recibe mediante el arrepentimiento para con Dios y la fe en el Señor Jesucristo.

2. Aprende de memoria este versículo:

    "Que si confesares con tu boca que Jesús es el Señor, y creyeres en tu corazón que Dios le levantó de los muertos, serás salvo" (Romanos 10:9).

3. Define los siguientes términos por el uso del "Glosario de doctrinas".

    Expiación: _____
    _____
    _____
    _____

    Arrepentimiento: _____
    _____
    _____
    _____

    Fe: _____
    _____
    _____
    _____

Conversión: _____
_____
_____
_____

Justificación: _____
_____
_____
_____

Regeneración: _____
_____
_____
_____

4. La salvación es como si vistiéramos ropa limpia por dentro. Completa las siguientes oraciones que describen cómo opera este cambio. Según el orden alfabético, escribe en la línea la letra que sigue a la de abajo. Comprueba tus respuestas leyendo Efesios 4:22-24.

   Cuando somos salvos,…

   nos __ __ __ __ __ __ __ __ __ __ del
       CH D R O Ñ I Z L N R

   __ __ __ __ __   __ __ __ __ __ y nos
   U H D I Ñ   G Ñ L A Q D

   vestimos del __ __ __ __ __   __ __ __ __ __
                   M T D U Ñ   G Ñ L A Q D

5. Dios Espíritu Santo obra constantemente para traer los pecadores al arrepentimiento. El comienza la obra de salvación al causar en el pecador dos reacciones. Usa el código para identificar las palabras definidas.

```
V P R O S N E D T M A I L C
```

a. _____
significa mostrar a la persona su estado de perdición.

b. _____
sentir la culpa del pecado cometido.

Tarea en clase

1. Escribe de memoria la quinta *Declaración de fe*.

   _____
   _____
   _____
   _____
   _____
   _____
   _____

2. Escribe de memoria Romanos 10:9.

   _____
   _____
   _____
   _____

3. Los dos grandes beneficios de la justificación que Dios nos ofrece son:

   a. _____

   b. _____

4. Jesucristo, a través de la justificación, nos...

   _____

   _____

   El Espíritu Santo, a través de la regeneración, nos...

   _____

   _____

5. Anota los pasos indicados en el cartel "La gran salvación".

   a. _____

   b. _____

   c. _____

   d. _____

   e. _____

   f. _____

   g. _____

   h. _____

6. Haz una lista con tres o cuatro de los beneficios de la gran salvación de Dios.

   _____

   _____

   _____

   _____

Lección 7

El bautismo en agua

Tarea en casa

1. Aprende de memoria la sexta *Declaración de fe*:

   Creemos que la institución del bautismo por sumersión en agua es un mandato a todo el que se arrepiente y cree en Cristo como su Salvador. Representa el haber muerto con Cristo y haber sido levantado con El para andar en novedad de vida.

2. Aprende de memoria este versículo:

   "Por tanto, id, y haced discípulos a todas las naciones, bautizándolos en el nombre del Padre, y del Hijo, y del Espíritu Santo" (Mateo 28:19).

3. Define los siguientes términos:

   a. Instituir: _____
   _____
   _____
   _____
   _____
   _____

   b. Sumergir: _____
   _____
   _____
   _____
   _____

4. Myer Pearlman, en su libro *Teología bíblica y sistemática*, afirma que hay dos criterios principales para todo aquel que ha de ser bautizado. Utiliza el código Morse para averiguar cuáles son.

· −	− · · ·	− · − ·	− − − −	− · ·	·	· · − ·
A	B	C	CH	D	E	F
− − ·	· · · ·	· ·	· − − −	− · −	· − · ·	− −
G	H	I	J	K	L	M
− ·	− − · − −	− − −	· − − ·	− − · −	· − ·	· · ·
N	Ñ	O	P	Q	R	S
−	· · −	· · · −	· − −	− · · −	− · − −	− − · ·
T	U	V	W	X	Y	Z

a. __A__ __R__ __R__ __E__ __P__ __E__ __N__
   ·−   ·−· ·−·   ·   ·−−·   ·   −·

   __T__ __I__ __M__ __I__ __E__ __N__ __T__ __O__
   −   ··   −−   ··   ·   −·   −   −−−

b. __F__ __E__ __E__ __N__ __C__
   ··−· ·   ·   −·   −·−·

   __R__ __I__ __S__ __T__ __O__
   ·−·   ··   ···   −   −−−

5. Lee Marcos 1:9-11 para encontrar las respuestas:
   a. ¿Dónde fue bautizado Jesús?
   _____

   b. ¿Por quién?
   _____

   ¿Por qué crees que Jesús fue bautizado?
   _____
   _____
   _____
   _____

 **Tarea en clase**

1. Escribe de memoria la sexta *Declaración de fe*.

   _____
   _____
   _____
   _____
   _____
   _____
   _____
   _____
   _____

2. Escribe de memoria Mateo 28:19.

   _____
   _____
   _____
   _____
   _____
   _____

3. ¿Por qué debemos ser bautizados?

   _____
   _____
   _____

4. ¿Quién debe ser bautizado?

5. ¿Cuándo deben ser bautizados?

6. ¿Dónde deben ser bautizados?

7. ¿Cómo deben ser bautizados?

8. ¿Cuál es la importancia del bautismo?

Lección 8

La Santa Cena

 Tarea en casa

1. Aprende de memoria la séptima *Declaración de fe*:

    Creemos que la Santa Cena es un acto conmemorativo del sufrimiento y de la muerte de Cristo y una profecía de su segunda venida. Es un mandato a todo creyente "hasta que él venga".

2. Aprende de memoria este versículo:

    "Así, pues, todas las veces que comiereis este pan, y bebiereis esta copa, la muerte del Señor anunciáis hasta que que él venga" (1 Corintios 11:26).

3. Organiza las letras siguientes y encontrarás una palabra que también significa "Santa Cena".

    ONMUICON

    _____

4. Lee Exodo 12:21-25 y contesta las siguientes preguntas:
    a. ¿Quién dijo a los hijos de Israel cómo quería Dios que ellos observaran la Pascua?

        _____

    b. ¿Qué animal sería sacrificado?

        _____

    c. ¿Dónde habían de poner la sangre?

        _____

    d. ¿Qué haría el ángel al ver la sangre?

        _____
        _____

5. Consulta Mateo 26:26-28 para llenar los espacios.

   "Y mientras _____, tomó Jesús

   el _____, y bendijo, y lo partió, y dio a sus

   _____, y dijo: Tomad, comed; _____

   _____. Y tomando la _____,

   y habiendo dado gracias, les dio, diciendo: _____

   de ella todos; porque esto es mi _____ del

   nuevo pacto, que por muchos es derramada para

   _____ de los pecados."

6. Primera de Corintios 5:7 muestra la cercana relación que existe entre la celebración de la Pascua en el Antiguo Testamento y el sacrificio de Jesús. Consulta la clave y averigua qué dice este versículo.

   Cristo, nuestra Pascua, ya fue sacrificada por nosotros.

Tarea en clase

1. Escribe de memoria la séptima *Declaración de fe*.

2. Escribe de memoria 1 Corintios 11:26.

3. ¿Cuáles son los emblemas de la Santa Cena?
   a. _____
   b. _____
   ¿Qué representa cada emblema?

4. Da las dos razones principales de celebrar la Santa Cena.

   a. _____

   _____

   b. _____

   _____

5. ¿Cuáles son los dos requisitos importantes para tomar la Santa Cena?

   a. _____

   _____

   b. _____

   _____

6. Según 1 Corintios 11:28, ¿qué siempre debemos hacer antes de tomar la Santa Cena?

   _____

   _____

   _____

   _____

   _____

7. ¿Qué dijo Pablo que pasaría si tomamos la Santa Cena indignamente? Lee 1 Corintios 11:29.

   _____

   _____

   _____

   _____

   _____

   _____

LECCIÓN 9

EL BAUTISMO EN EL ESPÍRITU SANTO

TAREA EN CASA

1. Aprende de memoria la octava *Declaración de fe*:

   Creemos que todo cristiano puede ser bautizado en el Espíritu Santo con la señal física inicial de hablar en otras lenguas, según Hechos 2:4. Esta experiencia da poder al cristiano para testificar con su vida y sus palabras.

2. Aprende de memoria este versículo:

   "Pero recibiréis poder, cuando haya venido sobre vosotros el Espíritu Santo, y me seréis testigos en Jerusalén, en toda Judea, en Samaria, y hasta lo último de la tierra" (Hechos 1:8).

3. Mucho antes del nacimiento de Cristo, el profeta Joel predijo la venida del Espíritu Santo. Dijo que el Espíritu sería derramado "sobre toda carne". Joel identificó a los que lo recibirían. Consulta la clave para averiguar quiénes son. Verifica las respuestas por leer Joel 2:28 y 29. (Enumera los cuadros del 1 al 16 para completar la clave y descifrar el mensaje.)

__ __ __ __ __   __ __ __ __ __
5 11 2 16 9   5 11 2 1 9

__ __ __ __ __ __ __ __
1 3 13 11 1 3 16 9

__ __ __ __ __ __ __
2 16 10 6 3 6 9

A	J	N	M
H	E	D	T
S	V	I	B
C	L	R	O

—	—	—	—	—	—	—
9	11	6	15	10	16	9

—	—	—	—	—	—	—
9	11	6	15	10	1	9

4. Antes de partir de la tierra, Jesús dijo a sus discípulos que fueran a Jerusalén y esperaran "la promesa del Padre". ¿Cuál era esa promesa? Lee Hechos 1:4 y 5.

   _____

   _____

   _____

5. Según Hechos 1:8, ¿qué recibiremos cuando el Espíritu Santo haya venido sobre nosotros? Organiza las palabras para dar con la respuesta.

   ERPODAARPISCEARFTTI

   _____   _____

   _____

6. Según Hechos 2:2-4, ¿qué señales acompañaron la venida del Espíritu Santo?

   a. _____

   _____

   _____

   b. _____

   _____

   _____

   c. _____

   _____

   _____

 **TAREA EN CLASE**

1. Escribe de memoria la octava *Declaración de fe*.

   _____
   _____
   _____
   _____
   _____
   _____
   _____
   _____

2. Escribe de memoria Hechos 1:8.

   _____
   _____
   _____
   _____
   _____

3. En Hechos 2:39 se explica para quién es el bautismo en el Espíritu Santo. Escribe abajo las respuestas.

   a. _____
   b. _____
   c. _____
   d. _____

FF·L9: El bautismo en el Espíritu Santo

4. En Hechos 1:8 se hace mención de tres lugares donde debemos ser testigos. Escribe estos lugares en el lado izquierdo del cuadro y en el lado derecho escribe cómo se comparan hoy.

En los días de Jesús	En nuestros días

5. ¿Cuál es la señal física inicial del bautismo en el Espíritu Santo?

6. Da dos razones de la importancia de hablar en lenguas.

   a.

   b.

Lección 10

LA SANTIFICACIÓN

TAREA EN CASA

1. Aprende de memoria la novena *Declaración de fe*:

   Creemos que la santificación es separarse de lo malo y consagrarse a Dios.

2. Aprende de memoria este versículo:

   "Así que, hermanos, os ruego por las misericordias de Dios, que presentéis vuestros cuerpos en sacrificio vivo, santo, agradable a Dios, que es vuestro culto racional" (Romanos 12:11).

3. Llena el siguiente crucigrama por usar todas las palabras de la novena *Declaración de fe*. Para empezar hay una palabra.

4. Define la palabra *santo* mediante el uso del "Glosario de doctrinas".

   _____
   _____
   _____
   _____

5. Hay una doble separación que se produce en la santificación. Consulta la clave para averiguar cómo se describe esto.

P	R	D	O	E	M	A	S	L	I
⠁	⠃	⠇	⠂	⠉	⠊	⠅	⠆	⠎	⠒

   Somos separados ___ ___ ___   ___ ___ ___

   y separados ___ ___ ___ ___   ___ ___ ___ ___

6. Define la palabra *justificación* mediante el uso del "Glosario de doctrinas".

   _____
   _____
   _____
   _____

7. Define la palabra *regeneración* mediante el uso del "Glosario de doctrinas".

   _____
   _____
   _____
   _____

Tarea en clase

1. Escribe de memoria la novena *Declaración de fe*.

2. Escribe de memoria Romanos 12:1.

3. ¿Qué se afirma al decir que la santificación es:
   a. instantánea?

   b. progresiva?

4. Indica los tres medios divinos y el único medio humano para obtener la santificación.

   a. _____

   b. _____

   c. _____

   d. _____

5. Organiza las palabras para conocer las maneras de cooperar con el Espíritu Santo en tu santificación.

   _____
   ROAR

   _____ _____ _____
   ERLE   AL   LIBIBA

   Buscar el _____ _____ _____
              UISBTOMA   NE   EL

   _____ _____
   PUIEITSR   NOTSA

   Ser un _____
          OLEEJPM

Lección 11

La Iglesia y su misión

Tarea en casa

1. Aprende de memoria la décima *Declaración de fe*:

   Creemos que la Iglesia es el cuerpo de Cristo, con un ministerio divinamente ordenado por Dios. Su propósito es la evangelización del mundo, la adoración a Dios, y animar a los creyentes para que crezcan a la imagen de Cristo.

2. Aprende de memoria este versículo:

   "Así nosotros, siendo muchos, somos un cuerpo en Cristo, y todos miembros los unos de los otros" (Romanos 12:5).

3. Para llegar a la definición de Iglesia, empareja los números de la gráfica a la izquierda con las letras de la gráfica a la derecha. Escribe las letras en orden numérico del 1 al 31 sobre las líneas que siguen.

1	7	12	13	18	24
11	9	16	5	20	27
10	14	2	19	15	32
17	3	21	8	23	34
22	25	28	4	29	36
6	30	33	26	35	31

A	E	L	A	S	R
L	D	D	B	U	N
E	M	S	Q	A	A
O	A	E	A	E	I
P	T	E	M	C	S
L	E	D	E	O	N

A _ _ _ _ _ _ _ _ _

_ _ _ _ _ _ _ _ _ _

_ _ _ _ _ _ _ _

_ _ _ _ _

4. ¿Cuándo se fundó la Iglesia? Hechos 2.

   _____

   _____

5. La Biblia emplea tres ilustraciones o metáforas para describir la Iglesia. Consulta la clave para averiguar cuáles son.

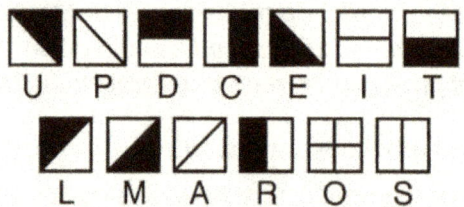

   a. __ __ __ __ __ __ de Cristo

   b. __ __ __ __ __ __ de Dios

   c. __ __ __ __ __ __ de Cristo

TAREA EN CLASE

1. Escribe de memoria la décima *Declaración de fe*.

2. Escribe de memoria Romanos 12:5.

3. El Nuevo Testamento fija dos condiciones para la afiliación en la iglesia. Son las siguientes: (Lee Hechos 2:47; 16:31; Romanos 10:9 y 10.)

    a. _____

    b. _____

4. Escribe los tres propósitos de la Iglesia tal como se mencionan en la décima *Declaración de fe*.

   a. _____

   b. _____

   c. _____

5. Menciona algunos de los ministerios de instrucción, aliento, y predicación que Cristo provee a la Iglesia. (Lee Efesios 4:11.)

   a. _____

   b. _____

   c. _____

   d. _____

   e. _____

6. ¿Por qué Dios da estos ministerios? Indica tres razones. (Lee Efesios 4:12.)

   a. _____

   b. _____

   c. _____

LECCIÓN 12

SANIDAD DIVINA

TAREA EN CASA

1. Aprende de memoria la undécima *Declaración de fe*:

    Creemos que la expiación de Cristo provee liberación de la enfermedad y es privilegio de todo cristiano reclamarla.

2. Aprende de memoria este versículo:

    "Mas él herido fue por nuestras rebeliones, molido por nuestros pecados; el castigo de nuestra paz fue sobre él, y por su llaga fuimos nosotros curados" (Isaías 53:5).

3. ¿Cuándo entró al mundo la enfermedad y la muerte? Para saber la respuesta, empareja los números de la gráfica a la izquierda con las letras de la gráfica a la derecha. Escribe las letras en orden numérico del 1 al 21 sobre las líneas que siguen.

4	12	21	7	16	2	11
9	15	5	14	19	18	6
17	1	10	20	3	13	8

N	E	N	A	E	U	Y
A	P	D	A	R	A	O
C	C	N	O	A	V	D

___ ___ ___ ___ ___ ___ ___

___ ___ ___ ___ ___ ___ ___

4. Busca en la Biblia Isaías 53:4 y 5. Para el versículo 4, busca dos referencias bíblicas en el Nuevo Testamento. *(Generalmente estas se encuentran al margen de la Biblia, ya sea en el centro o al lado.)* Escribe una de las referencias en las líneas abajo.

_____
_____
_____
_____
_____
_____
_____
_____
_____

5. Jesús se interesa en las necesidades materiales de su pueblo. El versículo siguiente expresa su amor. Organiza las palabras para completar el versículo. Verifica las respuestas según Mateo 14:14.

"Y saliendo _____ vio una gran
           UJESS

_____ , y tuvo _____
  LTIDUMTU   NAPIOCMSO

de ellos, y _____ a los que de ellos
            ONSA

estaban _____ ."
         MFORNSEE

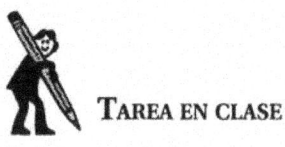

Tarea en clase

1. Escribe de memoria la undécima *Declaración de fe.*

2. Escribe de memoria Isaías 53:5.

3. Completa la siguiente declaración según la entiendes.
   Fe es... ___

4. Cuando estamos enfermos, Santiago 5:14-16 indica tres cosas que podemos hacer para experimentar la sanidad divina.

   a. _____
   _____

   b. _____
   _____
   _____

   c. _____
   _____
   _____

5. Tenemos la responsabilidad de mantenernos saludables. Al lado izquierdo haz una lista, según tu criterio como cristiano, de qué cosas no debes hacer y del lado derecho escribe qué cosas debes hacer para mantenerte en salud.

No debo	**Debo**
_____	_____
_____	_____
_____	_____
_____	_____
_____	_____
_____	_____
_____	_____
_____	_____
_____	_____

Lección 13

El Arrebatamiento

Tarea en casa

1. Aprende de memoria la duodécima *Declaración de fe*:

   Creemos que la esperanza bienaventurada de la Iglesia es el retorno de Cristo del cielo a fin de arrebatar a los cristianos que han muerto, juntamente con los que estén vivos, y llevarlos a estar con Él para siempre.

2. Aprende de memoria este versículo:

   "Y si me fuere y os preparare lugar, vendré otra vez, y os tomaré a mí mismo, para que donde yo estoy, vosotros también estéis" (Juan 14:3).

3. Define la palabra *arrebatamiento* mediante el uso del "Glosario de doctrinas".

   _____
   _____
   _____
   _____

4. ¿Cómo dice en Hechos 1:11 que volverá Jesús el día del Arrebatamiento?

   _____
   _____

5. Busca 1 Tesalonicenses 4:13-18. ¿Cuáles son las dos fases del Arrebatamiento mencionadas en los versículos 16 y 17?

   a. _____
   b. _____
   _____
   _____

6. Antes de que Jesús muriera en el Calvario por nuestros pecados, dejó tres importantes promesas. La segunda parte de cada promesa aparece en cada una de las siguientes claves. Descifra la clave para conocer la promesa. Luego lee el versículo que acompaña a cada una.

} = G   Ω = F   ∩ = U
+ = M || = Z   ⌣ = N
∽ = C   § = D   ⌐ = P
☆ = R   N = A   O = E
X = T   S = S   ∽ = L
# = O   m = I   Π = V

a. edificaré mi iglesia _____ (Mateo 16:18)

b. enviaré mi Espíritu _____ (Juan 15:26)

c. vendré otra vez _____ (Juan 14:3)

Tarea en clase

1. Escribe de memoria la duodécima *Declaración de fe*.

2. Escribe de memoria Juan 14:3.

3. ¿Qué dice Mateo 24:36 del día y la hora en que Cristo volverá?

4. Lee Mateo 24:3-7. Escribe las "señales de los tiempos" que se mencionan en estos versículos.

   a. _____

   b. _____

   c. _____

   d. _____

5. Escribe qué debemos hacer mientras esperamos la segunda venida de Jesús.

   a. _____

   b. _____

   c. _____

   d. _____

   e. _____

   f. _____

   g. _____

   h. _____

Lección 14

Los últimos acontecimientos

Tarea en casa

1. Aprende de memoria la décimotercera *Declaración de fe*:

   Creemos que Cristo volverá con sus santos a establecer un reino de paz por mil años. Después de esto vendrá el juicio final de los incrédulos, seguido de cielos nuevos y tierra nueva.

2. Aprende de memoria este versículo:

   "Yo soy el Alfa y la Omega, el principio y el fin, el primero y el último" (Apocalipsis 22:13).

3. Define los siguientes términos mediante el uso del "Glosario de doctrinas".

   Arrebatamiento: _____
   _____
   _____

   La Gran Tribulación: _____
   _____
   _____

   La Manifestación: _____
   _____
   _____

   Nueva Jerusalén: _____
   _____
   _____

   Milenio: _____
   _____
   _____

4. Después del Arrebatamiento, todos los creyentes comparecerán ante el Tribunal de Cristo. Separa las palabras que están unidas y sabrás qué acontecerá en esos días. (Lee Romanos 14:12.)

    ASIQUEENTONCESCADAUNODENOSO
    TROSDARACUENTAADIOSDESIMISMO

    _____

    _____

    _____

5. Busca las palabras sobre el fin del tiempo ocultas en la sopa de letras. Están colocadas de izquierda a derecha, de derecha a izquierda, de arriba abajo y diagonalmente.

ARMAGEDON	JUICIO	TIERRA NUEVA
ARREBATAMIENTO	MILENIO	TRIBULACION
BATALLA	NUEVOS CIELOS	TRIBUNAL
LAS BODAS	SANTOS	TRONO BLANCO
	SEGUNDA VENIDA	

```
A A D I N E V A D N U G E S
T R V C A Q M V W S C U O S
R T R I B U N A L O A E C L
I O T E B S V F M L E D U A
B C I T B A G K L M N L O S
U N E N W A S A N T O S H B
L A R B I E T R V S M P Y O
A L R H E A T A C Z F M E D
C B A R B H T G M Z X I M A
I O N U E V O S C I E L O S
O N U F O D E W H T E E S B
N O E A R M A G E D O N F O
Z R V T J E O B V R Y I T A
Q T A I J U I C I O N O B O
```

Tarea en clase

1. Escribe de memoria la décimotercera *Declaración de fe*.

2. Escribe de memoria Apocalipsis 22:13:

3. Anota tres características especiales del Milenio.

   a.

   b.

   c.

4. Dibuja el "Panorama de la profecía" en el espacio siguiente. O copia el "Bosquejo de los Ultimos Acontecimientos".

5. Explica el destino de Satanás después de la gran batalla descrita en Apocalipsis 20:9 y 10.

_____
_____
_____
_____
_____

6. ¿Quiénes serán juzgados en el Juicio del Gran Trono Blanco?

_____
_____

Lección 15

Frente al desafío

Tarea en casa

1. Aprende de memoria este versículo:

    "Mas el fruto del Espíritu es amor, gozo, paz, paciencia, benignidad, bondad, fe, mansedumbre, templanza; contra tales cosas no hay ley" (Gálatas 5:22 y 23).

2. Empareja la letra correspondiente al pasaje bíblico descrito a la izquierda con la cita bíblica de la derecha. ¿Cuántos puedes identificar sin consultar la Biblia?

    ___ Las Escrituras inspiradas   a. 2 Pedro 3:18

    ___ La Trinidad   b. 1 Corintios 11:26

    ___ El Señor Jesucristo   c. 2 Timoteo 3:16

    ___ Creación y desobediencia   d. Romanos 10:9

    ___ Salvación   e. Hechos 1:8

    ___ Bautismo en agua   f. 2 Corintios 13:14

    ___ Comunión   g. Romanos 12:1

    ___ Bautismo en el Espíritu Santo   h. Juan 14:3

    ___ Santificación   i. Mateo 28:19

    ___ La Iglesia   j. Isaías 53:5

    ___ Sanidad   k. Romanos 3:23

    ___ Segunda Venida   l. Apocalipsis 22:13

    ___ Ultimos acontecimientos   m. Romanos 12:5

3. En los versículos de esta lección para ser memorizados se menciona el fruto del Espíritu en sus nueve evidencias. Coloca cada una en el siguiente crucigrama.

TAREA EN CLASE

1. Escribe de memoria Gálatas 5:22 y 23.

   _____
   _____
   _____
   _____
   _____

2. Encontrarás entre las siguientes letras en desorden cinco maneras de afrontar el desafío de la vida cristiana. Para hallarlas tendrás que escribir cada tercera letra y dejar dos de por medio, hasta completar toda la lista.

   S D O L M R P O A S I R J K L F R E S N E X Z
   R Ñ O L Q U A R L B E L I K H B C M L U N I P
   R A F H T K K E P R S X Z T M O I L E F H X I
   Z N C P R A O L R M X I Z X R P O A U M L N K
   A H I I J Q G P N L S O E X Z S Y K I T H A K
   J D Z X E N P S X T A L M R N O R Q J O D F L
   K N L H C A F T R P O E J X L H K F T N R P R
   U X L T H J O Y H D N L E O Q L R F E Y H S J
   X P Z R I L Ñ R O J I T P T M H U

   a. __ __ __ __
   b. __ __ __ __ __ __ __ __ __ __ __ __
   c. __ __ __ __ __ __ __ __ __
   d. __ __ __ __ __ __ __ __ __ __
   e. __ __ __ __ __ __ __ __ __ __ __
      __ __ __ __ __ __ __
      __ __ __ __ __ __ __

FF·L15: FRENTE AL DESAFÍO

3. Una de las promesas más grandes que dejó Jesús para ayudarnos en nuestra vida cristiana se encuentra en Juan 14:27. Búscala y escríbela en los espacios.

_____
_____
_____
_____
_____
_____

4. ¿Qué te gustó de este curso?

_____
_____
_____
_____
_____
_____
_____
_____
_____

5. ¿Qué no te gustó?

_____
_____
_____
_____
_____
_____
_____
_____

OTROS RECURSOS

La sección "Otros recursos" se compone de tres partes. La primera contiene material de referencia, por ejemplo, todas las *Declaraciones de fe*. La segunda, *Glosario de doctrinas*, explica el significado de las palabras importantes en este curso. Y la última, *Hoja de calificación*, la cual indicará tu progreso durante el curso. Los versículos adicionales para memorizar, los cuales te darán más puntos para tu calificación final, se encuentran al final de la sección "Glosario de doctrinas".

Declaraciones de Fe

1. Creemos que las Escrituras, tanto el Antiguo Testamento como el Nuevo Testamento, es la Palabra inspirada por Dios; por la que Dios se comunica con su pueblo. Es la regla infalible de fe y conducta para guiarnos de la tierra a los cielos.

2. Creemos que el único Dios verdadero se ha revelado como el eterno, autoexistente Creador del cielo y de la tierra y el Redentor de la humanidad. Se ha revelado además en forma de trinidad, es decir, un ser existente en tres personas, Padre, Hijo, y Espíritu Santo.

3. Creemos que el Señor Jesucristo es el eterno Hijo de Dios, revelado así en las Escrituras, por su nacimiento virginal, su vida sin pecado, sus milagros, su muerte en la cruz, su resurrección corporal de los muertos, y su posición a la diestra de Dios.

4. Creemos que el hombre fue creado bueno y recto. Sin embargo, el hombre pecó por su propia voluntad y quedó sujeto no sólo a la muerte física, sino también a la muerte espiritual, que es la separación de Dios.

5. Creemos que la única esperanza de redención para el hombre es a través de la sangre derramada de Jesucristo el Hijo de Dios. La salvación se recibe mediante el arrepentimiento para con Dios y la fe en el Señor Jesucristo.

6. Creemos que la institución del bautismo por sumersión en agua es un mandato a todo el que se arrepiente y cree en Cristo como su Salvador. Representa el haber muerto con Cristo y haber sido levantado con El para andar en novedad de vida.

7. Creemos que la Santa Cena es un acto conmemorativo del sufrimiento y de la muerte de Cristo y una profecía de su segunda venida. Es un mandato a todo creyente "hasta que El venga".

8. Creemos que todo cristiano puede ser bautizado en el Espíritu Santo con la señal física inicial de hablar en otras

lenguas, según Hechos 2:4. Esta experiencia da poder al cristiano para testificar con su vida y sus palabras.
9. Creemos que la santificación es separarse de lo malo y consagrarse a Dios.
10. Creemos que la Iglesia es el cuerpo de Cristo, con un ministerio divinamente ordenado por Dios. Su propósito es la evangelización del mundo, la adoración a Dios, y animar a los creyentes para que crezcan a la imagen de Cristo.
11. Creemos que la expiación de Cristo provee liberación de la enfermedad y es privilegio de todo cristiano reclamarla.
12. Creemos que la esperanza bienaventurada de la Iglesia es el retorno de Cristo del cielo a fin de arrebatar a los cristianos que han muerto, juntamente con los que estén vivos, y llevarlos a estar con El para siempre.
13. Creemos que Cristo volverá con sus santos a establecer un reino de paz por mil años. Después de esto vendrá el juicio final de los incrédulos, seguido de cielos nuevos y tierra nueva.

El Credo de los Apóstoles

"Creo en Dios Padre, todopoderoso, creador del cielo y de la tierra: y en el Señor Jesucristo, su Unico Hijo, nuestro Señor, que fue concebido por el Espíritu Santo, nacido de la virgen María, que padeció bajo Poncio Pilato, fue crucificado, muerto, y sepultado, y descendió al Hades. Al tercer día se levantó de entre los muertos. Ascendió al cielo, y está sentado a la diestra de Dios Padre Todopoderoso. De allí vendrá a juzgar a los vivos y a los muertos. Creo en el Espíritu Santo, en la santa Iglesia católica, en la comunión de los santos, en el perdón de los pecados, en la resurrección del cuerpo, y en la vida perdurable, amén."

Iglesia

❦ *Definición* (Myer Pearlman, *Teología bíblica y sistemática*):

"La Iglesia es una compañía de llamados del mundo que profesan y rinden fidelidad al Señor Jesucristo."

Solicitud de afiliación en la iglesia:

"Habiendo personalmente experimentado el nuevo nacimiento (Juan 3:5-8), por medio de la fe en la obra expiatoria del Señor Jesucristo; y habiendo considerado favorablemente las doctrinas y prácticas de las Asambleas de Dios, y estando en pleno acuerdo con ellas; y deseando asociarme en fraternidad cristiana con aquellos de semejante fe preciosa, solicito afiliación en la iglesia.

Acepto cumplir las reglas de la iglesia, asistir regularmente a los medios de gracia según tenga la oportunidad, y apoyar sus ministerios con mis diezmos y ofrendas según Dios me prospere.

Es mi sincera oración que me mantenga fiel a Dios, pero si por alguna razón me apartare de la fe, o dejare de vivir una vida piadosa, o cambiare mis creencias doctrinales, he de considerar justo que se anule mi credencial de miembro de la iglesia."

(La solicitud es luego fechada y firmada por el solicitante, y aprobada por el pastor y la junta de diáconos.)

Doctrina

❦ *El conocimiento doctrinal es esencial para el desarrollo completo del carácter cristiano* (Myer Pearlman, *Teología bíblica y sistemática*):

"Las sólidas creencias desarrollan un sólido carácter, y asimismo las creencias bien definidas forman también convicciones claras, bien definidas. Naturalmente que las creencias doctrinales de un individuo no constituyen su religión, de la misma manera que su espina dorsal no es su personalidad. Empero una sólida espina dorsal es parte necesaria del hombre, como así también un sistema definido de creencias es una parte esencial de la religión del hombre."

Sanidad

❦ *La sanidad en el plan de Dios* (Gayle F. Lewis):

"En Mara, por primera vez, Dios se reveló como el Sanador de su pueblo, y desde ese día en adelante siguió revelándose como tal a Israel. En ninguna parte del Antiguo Testamento encontramos mención de escuela médica alguna en Israel, y no es probable que la tal existiera. Es infinitamente difícil probar por medio de la Biblia que hubiera médicos en las primeras épocas de la historia hebrea. Se hace mención de médicos pero sin duda eran extranjeros. Era la costumbre israelita en toda enfermedad grave descansar en la providencia de Dios.

❦ *Jehová nuestro sanador* (Bartlett Peterson):

"No ha de considerarse increíble que el hombre creado por Dios acuda a su Creador para ser creado de nuevo. ¿Habrá mejor manera de expresar la regeneración de un alma o el rejuvenecimiento de un cuerpo que ser creado de nuevo? ¡Nuestro Creador es capaz también de ser nuestro Re-Creador! Es sobre esta base solamente que la verdad de la Sanidad Divina ha de ser entendida, como el acto sencillo de llevar un reloj a un relojero para ser reparado."

Espíritu Santo

❦ *¿Se nota la diferencia?* (Ralph W. Harris):

"¿Se nota la diferencia al tener esta experiencia? Sólo hay que mirar al apóstol Pedro ante el tribunal de Pilato. Ahí está, un cobarde vacilante, tembloroso, acobardado ante una simple sierva. Ahora mírenlo de nuevo, el día de Pentecostés, y véanlo testificar de Jesús de manera tan poderosa que tres mil se convierten. Sólo una cosa puede explicar la vida transformada de Pedro y de los demás creyentes que salieron del Aposento Alto a sacudir las bases mismas del Imperio Romano. Fue la experiencia transformadora del Espíritu Santo."

❦ *La plenitud* (P.C. Nelson):

"Muchos creyentes han sido ungidos poderosamente con el Espíritu Santo, pero no han recibido la plenitud del bautismo. En Juan 20:22 leemos del Cristo resucitado: 'Y habiendo dicho esto, sopló, y les dijo: Recibid el Espíritu Santo.' Es seguro que recibieron un revestimiento muy especial del Espíritu Santo; pero esto no era el bautismo en el Espíritu Santo, pues en el último encuentro de nuestro Señor con los once, El les mandó que permanecieran en Jerusalén y esperaran 'la promesa del Padre, la cual, les dijo, oisteis de mí...vosotros seréis bautizados con el Espíritu Santo dentro de no muchos días' (Hechos 1:4 y 5). Si los discípulos hubieran sido bautizados en el Espíritu Santo antes de esto, nuestro Señor no los hubiera mandado a esperar este regalo prometido.

Se puede calentar agua a ciento cincuenta grados, luego a ciento setenta y cinco grados, luego a doscientos, luego doscientos diez, pero todavía no hierve; pero si llega a los doscientos doce grados sí hervirá. Así que uno puede ser ungido con el Espíritu casi hasta ser lleno, pero hasta que no haya verdadera plenitud no se tiene el bautismo en el Espíritu Santo."

❦ *Yo te ayudo* (Ralph W. Harris, *Our Faith and Fellowship, Christian Faith Series Teacher's Manual* [Nuestra fe y fraternidad], pp. 38 y 39):

"Había una vez un jorobado que vivía en las laderas de los Alpes de Suiza. Aunque él mismo no podía subir por su condición, ministraba los que pasaban rumbo a la cima de la montaña. Un día un famoso guía de la montaña le dijo: '¿Te gustaría subir a la montaña?' El jorobado dejó ver una enorme sonrisa. 'Me gustaría, pero la verdad es que no puedo. No me dan las fuerzas.'

'Yo te ayudo', dijo el guía, 'ven conmigo'. El jorobado fue con el guía, dependió de su ayuda y al fin llegó a la cima de la montaña. Esto es lo que el Espíritu Santo puede hacer por nosotros. Hay muchas tareas que no podemos realizar por nuestras propias fuerzas, pero con la ayuda de El, tendremos buen éxito."

❦ *Cumplimiento de la obra de Cristo* (Myer Pearlman, *Teología bíblica y sistemática*):

"El Exodo no se cumplió hasta cincuenta días después, cuando en Sinaí Israel fue organizado como el pueblo de

Dios. De igual manera el beneficio de la Expiación no se cumplió, en todo su sentido, hasta el día de Pentecostés, cuando el derramamiento del Espíritu fue señal de que el sacrificio de Cristo fue aceptado en el cielo, y que por tanto el tiempo había llegado para proclamar su obra acabada."

Vida

❈ *Como un viaje* (Myer Pearlman, *Teología bíblica y sistemática*)
"Las acciones del hombre son influidas por lo que cree. Por ejemplo, habría una vasta diferencia entre la conducta de una tripulación que sabe que va con rumbo cierto y la tripulación que se da cuenta que va a la deriva, sin destino fijo. La vida humana es un viaje que va del tiempo a la eternidad, e importa mucho si uno cree que es un viaje sin rumbo ni significado, o uno que ha sido planeado por el Hacedor del hombre y dirigido a un destino celestial."

Recompensas

❈ *El juicio de los creyentes* (Ralph W. Harris, *Our Faith and Fellowship, Christian Faith Series Teacher's Manual* [Nuestra fe y fraternidad], p.73):
"En tanto que transcurra la Tribulación en la tierra, los creyentes, con Cristo, comparecerán ante su Tribunal. Sus pecados ya habrán sido juzgados en Cristo en el Calvario. Este juicio será a base de sus obras. La parábola de los talentos (Mateo 25:14-30), ilustra lo que va a pasar. La calidad de las obras del creyente es más importante que la cantidad de sus obras. El maestro dijo: 'bien' has hecho, no 'mucho' has hecho. Y le declaró 'buen siervo y fiel', no 'próspero y con buen éxito'."

Santificación

❈ *Citas:*
"En compañía, guarda tu lengua; en soledad, tu corazón. Hay que velar nuestras palabras; pero también nuestros pensamientos e imaginaciones, los cuales bullen más al estar uno solo" (C.H. Spurgeon).

"La persona que hace sólo lo que le place, rara vez se complace de lo que hace" (Anónimo).

❦ *Si el cristiano peca* (Ralph W. Harris, *Our Faith and Fellowship, Christian Faith Series Teacher's Manual* [Nuestra fe y fraternidad], p. 52):

"En primer lugar, recuerde que no es forzoso caer. 'Conoceréis la verdad, y la verdad os hará libres' (Juan 8:32). 'El pecado no se enseñoreará de vosotros' (Romanos 6:14). Debemos echar mano de nuestra victoria, y resistir a Satanás. Pero si fallamos todo no se ha perdido. Debemos venir a Cristo así como venimos a El para salvación. Su sangre aún nos puede limpiar. Si confesamos, El perdona. Debemos levantarnos de nuestro lugar de derrota y seguir adelante en la vida cristiana."

❦ *Los santos* (P.C. Nelson, *Doctrinas bíblicas*):

"Cuando creemos en el Señor Jesucristo y lo aceptamos como nuestro Salvador, somos justificados por fe en El y aparecemos ante Dios sin ninguna condenación para nuestra alma; somos regenerados, es decir, nacidos de nuevo por medio de la obra del Espíritu Santo y la Palabra de Dios, y hemos llegado a ser nuevas criaturas. También somos separados del pecado, limpiados y purificados por la sangre de Jesús (1 Juan 1:7); y de nuestra propia voluntad nos separamos para el servicio a Dios…. Por esta razón todos los creyentes son denominados 'santos' en el Nuevo Testamento, y Pablo llama 'santificados' a los creyentes de Corinto, los cuales estaban lejos de ser perfectos (1 Corintios 1:2)."

La Trinidad

❦ *Tres en uno* (Ralph W. Harris, *Our Faith and Fellowship, Christian Faith Series Teacher's Manual* [Nuestra fe y fraternidad], p.17):

"La naturaleza provee muchas analogías a la Trinidad. El agua es una, sin embargo se conoce en tres formas líquida, solida, y gaseosa. La electricidad es una sola fuerza, pero produce movimiento, luz, y calor. Tres velas pueden estar encendidas en una habitación, mas producirán una sola luz. Un triángulo tiene tres lados y tres ángulos. Si se quita uno de los lados, deja de ser triángulo. Y cuando hay tres ángulos, hay un triángulo."

GLOSARIO DE DOCTRINAS

Adopción: El acto de ser atraído a una relación con Cristo a través de la salvación. Otorga al creyente todos los derechos y privilegios que supone el ser hijo.

Anticristo: Significa "falso Cristo". Se refiere al hombre que regirá el mundo durante la Gran Tribulación. Negará que Jesús es el Hijo de Dios y él mismo declarará ser Dios.

Armagedón: Lugar donde se librará la batalla final entre las fuerzas de Cristo y las del Anticristo.

Arrebatamiento: El levantamiento de los santos por el poder sobrenatural. La primera fase de la segunda venida de Cristo.

Arrepentimiento: Pesar sincero por el pecado y el deseo de apartarse de él.

Autoridad: Poder o potestad para ordenar o dictar.

Bautismo (en el Espíritu Santo): Ser llena de la presencia del Espíritu la vida del creyente, con la señal de hablar en otras lenguas.

Bautismo (en aguas): Sumersión del creyente en agua, lo cual significa la muerte y resurrección del individuo en Cristo. También, simboliza el lavamiento y sepultura de los pecados, y la resurrección a una nueva vida en Cristo. Institución dada por Jesucristo.

Bodas del Cordero: Celebración en el cielo de la unión de Cristo y la Iglesia, su Esposa.

Caída del hombre: Pérdida de la inocencia original, perfecta, sin pecado, resultado de haber cedido a la tentación.

Calvario: Gólgota; lugar de la calavera (lugar de sufrimiento y sacrificio), donde Jesús fue crucificado.

Católica: Universal. Se refiere a la Iglesia con todos sus creyentes en todo el mundo.

Cielo: Eterno hogar preparado por Jesucristo para los salvados.

Comunión: Término que se refiere a la Santa Cena. Institución dada por Jesucristo como memorial de su sangre derramada y su cuerpo quebrantado, y que contempla su segunda venida.

Conversión: Apartarse del pecado y tornarse a Dios.

Convicción: La obra del Espíritu Santo que redarguye de pecado.

Creación: Acto de Dios al formar al mundo, el universo y todo lo que en ellos hay.

Credo: Confesión de fe o creencias.

Cristiano: Uno que está "en Cristo" y es como Cristo. Creyente seguidor de Jesucristo.

Crucifixión: Cruel y vergonzoso modo o procedimiento de ejecución en el que el condenado era clavado a una cruz. La manera en que Cristo fue muerto.

Cuerpo de Cristo: La Iglesia, designada como organismo que consiste de muchos miembros (creyentes) y del que Cristo es la Cabeza.

Dedicación: Apartar para un uso especial.

Deidad (de Cristo): Se refiere a la divina naturaleza de Jesucristo como el eterno Hijo de Dios.

Diablo: Satanás

Dios: El Divino Soberano del universo. Creador y Padre. Primera persona de la Trinidad.

Discípulo: Uno que aprende; un seguidor de Jesucristo.

Divino: Concerniente a Dios. Que tiene la naturaleza de la deidad.

Doctrina (Biblia): Orden sistemático de las verdades bíblicas.

Doctrina bíblica: Verdades bíblicas ordenadas en forma sistemática con autoridad.

Dogma: Declaración de verdad que hace el hombre tocante a la fe o la moral tal como se presenta formalmente.

Encarnación: Se refiere a la del Hijo de Dios, verdadero Dios desde la eternidad, hecho verdadero hombre. La venida de Cristo a la tierra como un bebé.

Escrituras: Otro nombre para la Biblia, la Palabra de Dios.

Esperanza bienaventurada: La gloriosa aparición de Cristo para arrebatar los creyentes.

Espíritu Santo: Tercera persona de la Trinidad. Consolador, represor y Santificador del hombre. Enviado por Jesucristo, después de su ascensión, a morar en el hombre.

Esposa de Cristo: La Iglesia ilustra la unión y comunión de Dios con su pueblo.

Eternidad: Existencia sin principio ni fin.

Evangelio: "Buenas nuevas" o "buenas noticias". La Palabra de Dios.

Evangelizar: Presentar el mensaje del evangelio a todos los hombres en todo lugar.

Exodo: Salida. La salida de los hebreos de Egipto bajo el liderazgo de Moisés.

Expiación: Limpiar o cancelar. El acto de cancelar el pecado mediante la sangre derramada de Jesucristo.

Fe: Plena confianza; creencia en Dios y sus promesas.

Flagelar: Azotar severamente; torturar; azotar tan fuertemente que se destrose la piel y la carne.

Fruto del Espíritu: Cualidades espirituales de vida y carácter dados por el Espíritu Santo. La lista de nueve gracias se registra en Gálatas 5:22 y 23.

Fruto de la vid: Jugo de uva.

Génesis: Principio. Primer libro de la Biblia.

Iglesia: Asamblea de "los que han sido llamados". Cuerpo de creyentes en Cristo.

Imagen de Dios (en el hombre): Se refiere al hombre creado semejante a Dios en carácter y personalidad (en cuanto a la creatividad del hombre, su inteligencia, voluntad, y sentido del bien y del mal).

Inequívoca: Sin error o errores

Infalible (en cuanto a las Escrituras): Del todo fidedigna, indefectible.

Infierno: Destino eterno de los réprobos, preparado para el diablo y sus ángeles.

Inspiración (de las Escrituras): Influencia del Espíritu Santo en la mente de los autores de las Escrituras a fin de proclamar la palabra y la voluntad de Dios al hombre.

Instituir: Establecer algo nuevo (por ejemplo, el bautismo en agua y la Santa Cena).

Jesucristo: El eterno Hijo de Dios. Segunda persona de la Trinidad. Nuestro Salvador y quien nos Bautiza.

Judíos: Otro nombre dado a los hijos de Israel. Los hebreos.

Justificación: El perdón de los pecados.. El hecho de haber sido declarado justo ante Dios.

Manifestación (en lo referente a la Segunda Venida): El retorno de Cristo a la tierra con sus santos al final de la Tribulación.

Mediador: Uno que hace la paz entre dos personas. Jesús es el Mediador entre Dios y los hombres.

Milagro: Acto sobrenatural e inexplicable de Dios. Operación del poder de Dios más allá de las consecuencias ordinarias de la naturaleza.

Milenio: El reinado de mil años de Cristo en la tierra.

Moral: Ciencia que trata del bien y de la bondad o malicia de las acciones humanas.

Nueva Jerusalén: Otro nombre para el cielo. La Santa Ciudad que desciende a la tierra del cielo.

Ofrenda: Algo que se da a Dios en adoración o devoción, además del diezmo ó10 por ciento de nuestros ingresos.

Omnipotente: Que todo lo puede. Característica de cada Persona de la Trinidad.

Omnipresente: Que está a un mismo tiempo en todas partes. Característica de cada persona de la Trinidad.

Omnisciente: Que lo sabe todo. Característica de cada persona de la Trinidad.

Pacto: Contrato o acuerdo entre Dios y el hombre.

Pecado: Desobediencia a las leyes y a los mandamientos de Dios.

Pentecostés (Día de): Día en que el Espíritu Santo fue derramado por primera vez. Nacimiento de la iglesia. Literalmente significa "cincuenta".

Regeneración: La nueva vida dada por el poder salvador de Cristo. Llegar a ser una nueva criatura a través de la salvación.

Salvación: La liberación divina del pecado y su castigo como resultado de la confesión del pecador y su fe en Jesucristo.

Santa Cena: Otro nombre para el culto de comunión.

Santificación: Separarse del pecado y tornarse a Dios. Obra continua del Espíritu Santo para ayudar a los creyentes a ser más semejantes a Cristo.

Santo: Sagrado, inviolable, consagrado a Dios.

Satanás: Otro nombre para el diablo; el engañador.

Segunda Venida: Retorno de Cristo en dos fases, el Arrebatamiento antes de la Tribulación y la Manifestación al final.

Sumersión: Total introducción de algo en un líquido. *Testificar:* El acto de hablar a otros de Jesucristo. Compartir nuestra fe en palabra, acción, y ejemplo.

Testamento: Pacto o acuerdo, declaración oral o escrita de la voluntad del testador.

Tribulación: Período de siete años en la tierra entre el Arrebatamiento y la Manifestación. Época del Anticristo que se dividirá en tres años y medio de paz y tres años y medio en que la ira de Dios será derramada sobre la maldad.

Tribunal de Cristo: Juicio del justo después del Arrebatamiento, en el que cada uno dará cuenta de sus obras en la tierra.

Trinidad: La unidad de la Deidad; tres personas en una: Dios Padre, Dios Hijo, y Dios Espíritu Santo.

Voluntad: Poder para escoger.

Memorización adicional

- ☐ 1. Salmo 1
- ☐ 2. Salmo 8
- ☐ 3. Salmo 19
- ☐ 4. Salmo 100
- ☐ 5. Salmo 104:1-33
- ☐ 6. Salmo 139:7-14
- ☐ 7. Isaías 40:10-12, 28-31
- ☐ 8. Isaías 41:10
- ☐ 9. Romanos 6:23
- ☐ 10. Romanos 12
- ☐ 11. 1 Corintios 11:23-33
- ☐ 12. Efesios 6:10-18
- ☐ 13. Filipenses 4:8
- ☐ 14. Santiago 4:7-10
- ☐ 15. Santiago 5:13-16
- ☐ 16. 1 Pedro 2:13-17
- ☐ 17. 2 Pedro 1:5-8
- ☐ 18. Apocalipsis 22:17-21
- ☐ 19. Los libros del Antiguo y el Nuevo Testamento

Cuando cumplas con alguna memorización adicional, pon ✘ en el cuadro que corresponde.

HIMNOS

Junto a la Cruz (233)

1

Junto a la cruz do Jesús murió,
Junto a la cruz do salud pedí,
Ya mis maldades él perdonó,
¡A su nombre gloria!

Coro

¡A su nombre gloria!
¡A su nombre gloria!
Ya mis maldades él perdonó,
¡A su nombre gloria!

2

Junto a la cruz donde le busqué,
¡Cuán admirable perdón me dio!
Ya con Jesús siempre viviré,
¡A su nombre gloria!

3

Fuente preciosa de salvación,
Qué grande gozo yo pude hallar,
Al encontrar en Jesús perdón,
¡A su nombre gloria!

4

Tú, pecador, que perdido estás,
Hoy esta fuente ven a buscar,
Paz y perdón encontrar podrás,
¡A su nombre gloria!

La fuente sanadora (138)

1

¡Ved la fuente sanadora,
La que abrió el Salvador!
Cuyas aguas refrescantes
Son de perennal valor.

Coro
¡Oh preciosa fuente sanadora!
Para todos fluye libre;
¡Oh preciosa fuente sanadora!
¡Gloria a Dios!, me sana a mí.

2
En la fuente que nos sana
He hallado el perdón,
Y lavado toda mancha
De mi pobre corazón.

3
En la fuente que nos sana
Cristo ofrece la salud;
Pues venid, enfermos todos,
Probaréis su gran virtud.

4
Esta fuente que nos sana
Aun hoy día es eficaz:
Ven, sumérgete en ella,
Cree, y sano quedarás.

Viene otra vez (141)

1
Cantan los ángeles con dulce voz,
Canten los hombres con sonora voz:
Cristo vendrá nuestro Rey vencedor,
Cristo vendrá otra vez.

2
Ved en la tierra, los aires y el mar
Grandes señales cumpliéndose ya,
Todo indicando que pronto vendrá
Nuestro glorioso Señor.

3
Todos los muertos en Cristo saldrán
De sus sepulcros, y alegres irán,
Para encontrar a su Rey subirán;
Cristo vendrá otra vez.

4
Ven en las nubes, ¡oh buen Salvador!
¡Ven a la tierra, te ruego, Señor!
¡Ven, que tu iglesia te espera, Jesús!
Cristo vendrá otra vez.

Coro
¡Viene otra vez, viene otra vez,
En gloria viene al mundo otra vez:
Viene otra vez, viene otra vez,
El viene pronto a reinar!

Cuando el vino a mi corazón (97)

1
¡Cuán glorioso es el cambio operado en mi ser
Viniendo a mi vida el Señor!
Hay en mi alma una paz que yo ansiaba tener:
La paz que me trajo su amor.

Coro
¡El vino a mi corazón!
¡El vino a mi corazón!
Soy feliz con la vida que Cristo me dio,
 Cuando él vino a mi corazón.

2
Ya no voy por la senda que el mal me trazó,
Do sólo encontré confusión;
Mis errores pasados Jesús los borró,
Cuando él vino a mi corazón.

3
Ni una sombre de duda oscurece su amor,
Amor que me trajo el perdón:
La esperanza que aliento la debo al Señor,
cuando él vino a mi corazón

Las promesas de Jesús (126)

1

Todas las promesas del Señor Jesús
son apoyo poderoso de mi fe;
Mientras luche aquí buscando yo su luz,
Siempre en su promesas confiaré

Coro

Grandes, fieles,
Las promesas que el Señor Jesús ha dado;
Grandes, fieles,
En ellas para siempre confiaré.

2

Todas sus promesas para el hombre fiel,
El Señor, en sus bondades cumplirá;
Y confiado sé que para siempre en él
Paz eterna mi alma gozará.

3

Todas las promesas del Señor serán
Gozo y fuerza en nuestra vida terrenal,
Ellas en la dura lid nos sostendrán,
Y triunfar podremos sobre el mal.

Los himnos fueron tomados de *Himnos de Gloria, Cantos de Triunfo*. Editorial Vida, Miami, Florida, EE.UU., 1981

Hoja de Calificación

	Asistencia	Tarea en casa	Memorización	Ensayo	Examen	Otros puntos	TOTAL
1							
2							
3							
4							
5							
6							
7							
8							
9							
10							
11							
12							
13							
14							
15							
16							

Total posible de puntos: 420 más los puntos adicionales
Aprobado: 320

Nombre: _____ Total: _____

OTROS RECURSOS

www.ingramcontent.com/pod-product-compliance
Lightning Source LLC
Chambersburg PA
CBHW031415040426
42444CB00005B/582